**글 송영심**

성균관대학교에서 역사학을 전공하고, 이화여자대학교 대학원에서 역사 교육 박사 과정을 공부했어요. 어린이들과 소통하기 위해 인터넷 역사 카페(http://cafe.daum.net/edusonghistory)를 운영하고 있어요. 지은 책으로 〈한 권으로 읽는 한국사〉, 〈재미있는 한국사 이야기 1〉, 〈실록 밖으로 나온 세종의 비밀 일기〉, 〈꺼지지 않는 등불, 안중근의 비밀 일기〉, 〈달력에서 역사 찾기〉, 〈선생님이 들려주는 이야기 세계사〉, 〈정약용이 들려주는 실학 이야기〉, 〈시조님, 시조님 안녕하세요?〉, 〈청소년을 위한 주제로 보는 조선왕조실록〉, 〈장 발장은 혁명군이었다?〉, 〈처음 시작하는 한국사, 세계사〉, 〈알고 먹으면 더 맛있는 음식 속 조선 야사〉 외에 다수가 있어요.

**그림 이혁**

어린이 친구들을 위해 유익하면서도 재미있는 그림을 그리고 싶어 해요. 그린 책으로는 〈아하! 그땐 이렇게 살았군요〉, 〈아하! 그땐 이런 과학기술이 있었군요〉, 〈우리 역사 그림 연표〉, 〈한 권으로 보는 그림 문화재 백과〉, 〈한눈에 펼쳐 보는 대동여지도〉 등이 있어요.

**초판 2쇄** 2023년 8월 25일  **초판 1쇄** 2022년 2월 17일  **펴낸곳** 메가스터디㈜  **펴낸이** 손은진  **개발 책임** 김문주  **개발** 양수진, 최성아  **글** 송영심  **그림** 이혁

**디자인** 이정숙, 이솔이  **제작** 이성재, 장병미  **사진 제공** 국립중앙박물관, 문화재청, 서울역사박물관, 전쟁기념관, 한국민족문화대백과사전,
한국전력공사 전기박물관, E-뮤지엄  **폰트 저작권자** 유토이미지 (UTOIMAGE.COM)

**주소** 서울시 서초구 효령로 304(서초동) 국제전자센터 24층  **대표전화** 1661.5431  **홈페이지** http://www.megastudybooks.com  **출판사 신고 번호** 제 2015-000159호

**메가스터디BOOKS**

'메가스터디북스'는 메가스터디㈜의 출판 전문 브랜드입니다.
유아/초등 학습서, 중고등 수능/내신 참고서는 물론, 지식, 교양, 인문 분야에서 다양한 도서를 출간하고 있습니다.

한눈에 보는
한국사 명장면

# 한국사
## 숨은 그림 찾기

**2** 조선 시대~광복

메가스터디BOOKS

# 이 책을 즐기는 방법

## 1 숨은 그림 찾기!

그림에서 표현하고 있는 **역사적 사건**이나 **시대**를 중심으로 설명했어요. 설명을 먼저 읽고 그림을 살펴보아요. 당시 사람들의 생활 모습과 문화, 사건의 배경 등을 알 수 있어요.

유적이나 유물, 또는 **역사적 인물**이 숨어 있어요. 당시 모습이 생생하게 담긴 장면 속에서 숨어 있는 그림들을 찾아요!

숨은 그림을 찾으며 **역사 지식**을 익혀요.

## 2 한국사 지식 쌓기!

각 장면의 **시대적 배경**에 대한 **설명**이에요. 앞에서 읽은 내용보다 조금 더 폭넓고 자세한 역사 정보를 알 수 있어요.

**한국사 퀴즈**로 앞서 배운 내용을 확인하며 더욱 재미있게 한국사를 익힐 수 있어요.

시대의 인물, 유물이나 유적과 관련된 **재미있는 이야기**를 어린이의 눈높이에 맞춰 풀어냈어요.

**Tip** 자유롭게 이야기하며 상상력 키우기!

원하는 장면을 펼친 다음 어떤 일이 일어나고 있는지 친구나 부모님과 이야기를 나누어 보세요. 그림의 다양한 요소를 활용해 **상상력**을 발휘하여 **새로운 이야기**를 꾸며 볼 수 있어요. 그림 속 장면들로 여러 번 이야기를 만들다 보면 그림을 볼 때마다 새로운 광경이 눈에 들어올 거예요.

# 차례

# 경복궁, 조선 600년 역사의 수도 한양에 들어서다

조선을 세운 태조 이성계는 한양을 수도로 정하고 조선을 대표하는 궁궐 경복궁을 세웠어요. 경복궁의 중심이 되는 근정전에서는 즉위식과 같은 중요한 행사를 열었어요. 또 *유학을 가르치는 성균관을 세우고, 학생들이 공부하는 명륜당에서 세자의 입학식을 치르며 조선이 유교의 가르침을 따르는 나라임을 알렸지요.

*유학 : 중국 공자의 가르침을 연구하는 학문

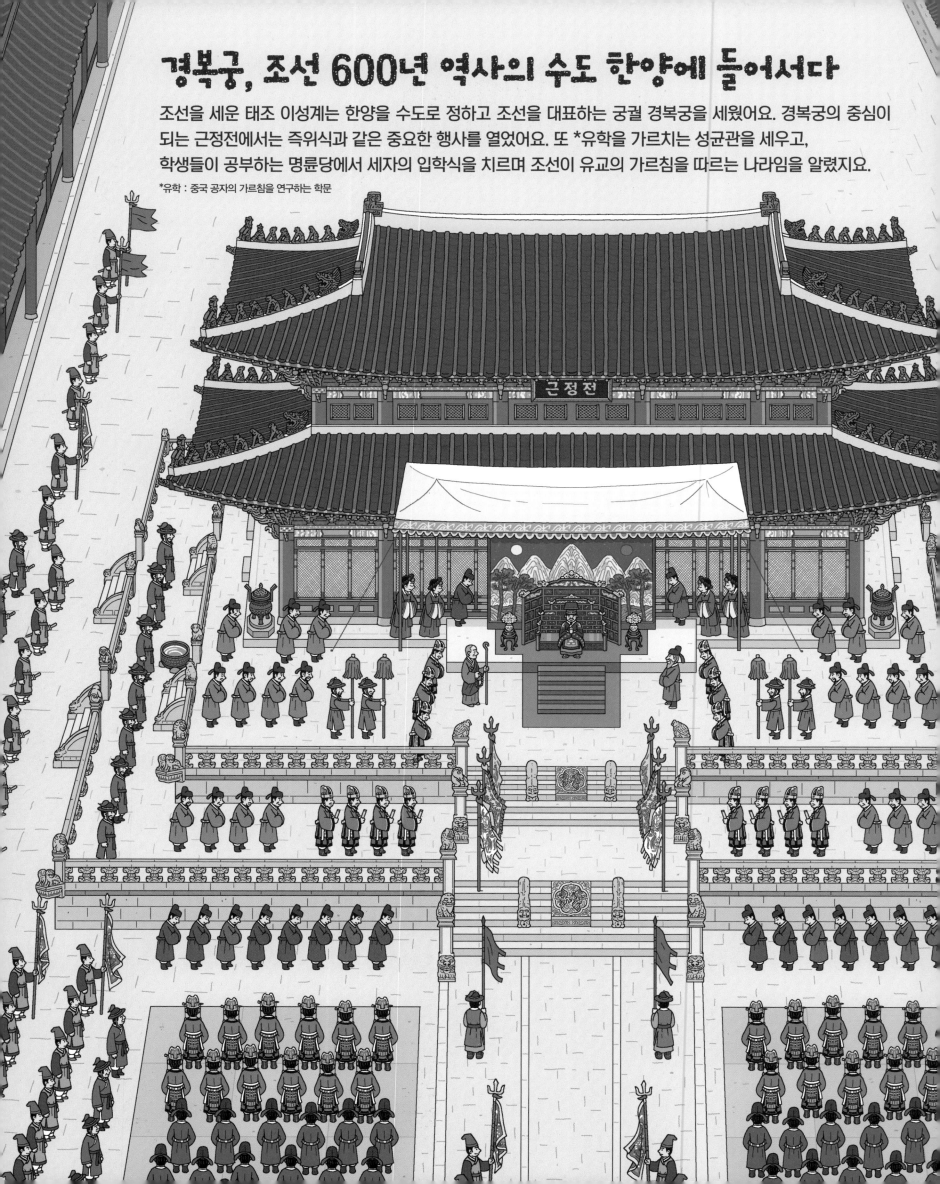

## 찾아보세요

**잡상**
나쁜 기운을 쫓기 위해
지붕에 장식한 기와예요.
맨 앞에는 '손오공'이 있어요.

**성균관에 입학하는 왕세자**
나라를 다스리는 학문을
익힌다는 의미로 왕세자는
성균관에서 입학식을 치러요.

**답도**
왕의 가마가 지나다니는 계단으로,
훌륭한 왕을 나타내는
봉황을 새겼어요.

**드무**
불을 내는 도깨비가
물러가게 하려고 만든
물을 담아 두는 큰 독이에요.

**정**
근정전에 놓인 세 발 달린
청동 솥으로
왕의 힘을 나타내요.

**정도전**
조선을 세우고 경복궁을 짓는 데
많은 노력을 했어요.

**태조 이성계**
여러 사람들의 도움을 받아
조선을 세우고 왕이 되었어요.

**무학 대사**
태조 이성계의 스승으로 조선을 세우고
수도를 정하는 데 도움을 주었어요.

**시강원 관리**
조선 시대 왕세자의 교육을 담당한
시강원에서 일하는 관리예요.

**성균관 유생**
조선의 최고 교육 기관인
성균관에서 유학을 공부했어요.

# 세종 대왕, 백성을 위한 정치를 펴다

세종 대왕은 백성들을 위해 훈민정음을 만들고 과학 기술을 발전시켰어요. '백성을 가르치는 바른 소리'
라는 뜻의 훈민정음은 백성들이 배우기 쉽고 과학적이었어요. 세종 대왕은 백성들의 농업을 돕기 위해
장영실과 같은 인재들을 뽑아 자격루, 해시계, 측우기 등 여러 가지 과학 기구도 만들게 했어요.

# 찾아보세요

**세종 대왕**
백성을 사랑하는 마음으로
배우기 쉬운 훈민정음을 만들었어요.

**북을 치는 인형**
3명의 인형들이 종과 북,
징을 쳐 시간을 알려 주었어요.

**신숙주**
집현전 학사로 훈민정음을
열심히 만들었어요.

**장영실**
발명왕으로 혼천의, 해시계
등을 척척 만들었어요.

**해시계**
해의 움직임을 이용한 시계로,
그림자의 길이로 시간을 알 수 있었어요.

**혼천의**
하루에 한 바퀴씩 돌며
해와 달, 별의 움직임을
관찰할 수 있는 기구예요.

**비의 양을 재는 관리**
세계 최초로 만들어진
측우기로 비의 양을
재고 있어요.

**서운관 관리**
해와 달, 별의 움직임과
날씨, 시간을 관찰하고 물시계인
자격루를 관리해요.

**성삼문**
훈민정음 해례본을 만드는 데
중요한 역할을 했어요.

**정인지**
훈민정음을 만드는 데 참여했어요.
훈민정음을 만든 이유와 원리가 담긴
해례본을 세종 대왕에게 설명하고 있어요.

# 생생 한국사 이야기 1

## 경복궁, 조선 600년 역사의 수도 한양에 들어서다

### 조선을 대표하는 궁궐, 경복궁

태조 이성계는 조선을 세운 뒤 정도전과 무학 대사의 의견을 받아들여 한양을 수도로 정한 뒤, 한양의 중앙에 '오래도록 큰 복을 누린다'는 뜻의 큰 궁궐 경복궁을 세웠어요. 경복궁의 근정전을 중심으로 수정전, 사정전 등 나랏일을 돌보는 곳은 근정전 앞쪽에, 왕과 왕비가 쉬는 곳은 근정전 뒤쪽에 지었어요. 경복궁을 중심으로 관청, 도로, 시장 등을 만들어 한양의 모습을 완성했어요.

### 어험! 북촌 양반, 딸각딸각 남촌 샌님

한양에는 경복궁 남쪽으로 오늘날 '청계천'에 해당하는 하천이 흘렀어요. 청계천을 사이에 두고 경복궁과 가까운 북촌에는 부유한 양반들이 살고, 남촌에는 가난한 선비나 몰락한 양반들이 주로 살았어요. 남촌에 사는 사람들은 돈이 없어, 비가 올 때 신는 나막신을 맑은 날에도 항상 신고 다녔어요. 걸을 때마다 나막신에서 나는 '딸각딸각' 소리 때문에 가난한 선비들을 '딸각발이'라고 부르게 되었답니다.

### 조선에서 제일 공부 잘하는 사람들이 모인 곳, 성균관

성균관은 조선의 최고 교육 기관으로 유교 경전을 공부하는 곳이었어요. 아버지나 할아버지가 아주 높은 관리이거나, 과거의 1차 시험인 소과에 합격한 사람만 입학할 수 있었어요. 성균관은 유교의 대표적 학자인 공자에게 제사를 지내는 곳과, 성균관 유생들이 공부하는 교실인 명륜당, 먹고 자는 기숙사 등으로 이루어져 있었어요. 이곳에서 공부한 성균관 유생들은 과거의 최종 시험인 대과를 휩쓸며 높은 관리가 되어 나라를 이끌었어요.

### 한국사 Quiz

'경복궁'에 대한 설명으로 맞으면 O, 틀리면 X 하세요.

❶ 왕의 가마가 지나다니는 답도에는 학이 새겨져 있어요. (　　　)

❷ '경복궁'을 중심으로 한양의 모습을 완성했어요. (　　　)

❸ 근정전은 즉위식 같은 중요한 행사를 하는 곳이에요. (　　　)

❹ 나랏일을 돌보는 건물은 근정전의 뒤쪽에 두었어요. (　　　)

〈성균관 명륜당〉

정답 ❶ X ❷ O ❸ O ❹ X

# 생생 한국사 이야기 2

# 세종 대왕, 백성을 위한 정치를 펴다

**백성을 사랑하는 마음으로 수많은 업적을 남긴 세종 대왕**

세종 대왕은 훈민정음을 만든 것 외에도 여러 업적을 남겼어요. 자격루와 앙부일구 등의 시계를 만들고, 천문학도 발달시켰어요. 우리나라의 농사 경험을 기록한 〈농사직설〉과 백성들의 병을 쉽게 치료하도록 〈의방유취〉, 〈향약집성방〉 등의 의학책을 펴냈지요. 군사 훈련과 무기 개발에도 힘썼고, 노비의 출산 휴가를 100일로 늘리거나, 더 좋은 세금 제도를 만들기 위해 백성의 의견을 듣기도 했어요.

## 세종의 믿음을 얻어 노비에서 높은 관리가 된 장영실

장영실은 원래 경상도 동래현(오늘날 부산) 관청의 노비였어요. 어렸을 때부터 손재주가 뛰어나 태종이 궁궐로 불러들였지요. 세종은 장영실의 능력을 알아보고 명나라에 보내 과학 기술을 연구하고 돌아오게 했어요. 이때 가져온 여러 책과 자료를 바탕으로 장영실은 달력을 비롯하여 별을 관측하는 기구인 간의와 혼천의, 해시계, 물시계 등 다양한 과학 기구와 발명품을 척척 만들었어요. 그 후 높은 벼슬에까지 오르게 되었어요.

## 조선 최초의 표준 시계 자격루

장영실이 만든 자격루는 자동으로 시각을 알려 주는 물시계예요. 자격루가 알려 주는 시간에 따라 새벽 4시쯤에 성문을 열고, 밤 10시쯤 문을 닫아 사람들이 오가는 것을 막았어요.

❶ 물이 아래로 흘러내려요.

❷ 물이 차오르면서 잣대가 올라가 작은 구슬을 떨어뜨려요.

❸ 작은 구슬이 큰 구슬을 건드려 떨어지게 해요.

❹ 큰 구슬이 떨어지면서 인형의 팔을 움직여 북과 징을 울려요.

〈자격루〉

### 한국사 Quiz

세종 대왕 때 만들어진 것을 보기 에서 모두 찾아 ○ 하세요.

**보기**

황룡사 구층 목탑    혼천의

측우기    팔만대장경    해시계

석굴암    화랑도    훈민정음    자격루

# 경국대전, 조선 사람들의 생활 기준이 되다

《경국대전》은 유교를 바탕으로 나라를 잘 다스리기 위한 수많은 법과 제도를 적어 놓은 조선의 법전이에요. 조선 사람들은 혼인할 때나 제사를 지낼 때, 땅이나 집을 사고팔 때도 《경국대전》을 따라야 했어요. 왕과 양반을 비롯해 일반 백성들까지도 모두 법에 따라 생활했지요.

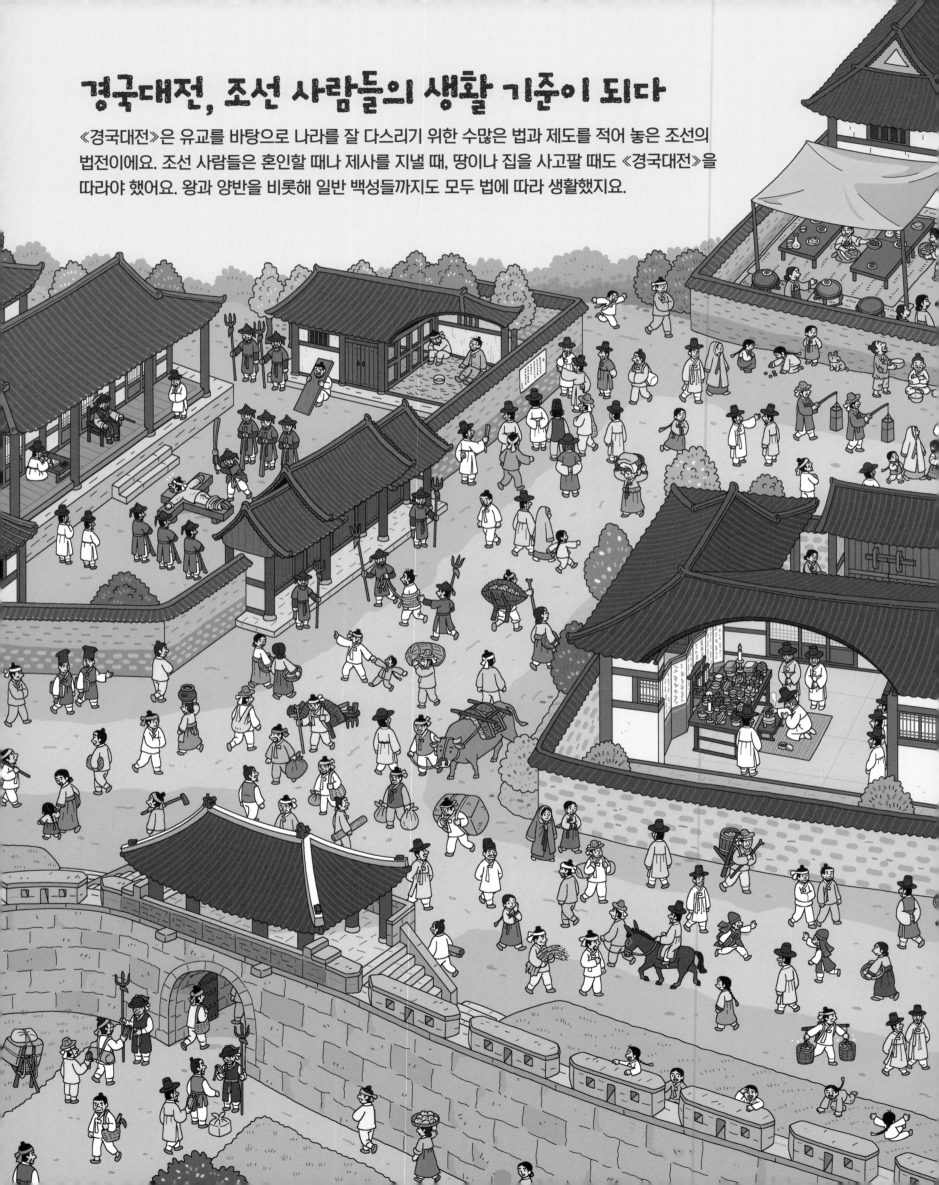

## 찾아보세요

**소식을 알리는 방**
나라의 새로운 소식은
방을 써 붙여 알렸어요.

**곤장 치는 사람**
《경국대전》에 따라 죄를
지은 사람을 벌하고 있어요.

**아기를 낳은 여자 노비**
관청의 노비들은 아기를 낳으면
휴가를 받았어요.

**장옷 입은 여인**
여자들은 외출할 때 장옷으로
얼굴을 가렸어요.

**호패 검사하는 사람**
16살이 넘은 남자들은 이름, 직업 등이
적힌 호패를 차고 다녀야 했어요.

**신부**
여자는 14살, 남자는 15살이
넘어야 혼인할 수 있었어요.

**편찮은 아버지를 돌보는 아들**
나이가 많거나 편찮은 부모가 있으면
군대에 가지 않아도 되었어요.

**제사 지내는 사람**
높은 관리는 증조부모까지, 일반 백성은
부모까지만 제사를 지냈어요.

**신부 가마**
양반이 아니어도 혼인을 할 때는
가마를 탈 수 있었어요.

# 한산도 대첩, 왜적에 맞서 빛나는 승리를 거두다

조선에 일본이 쳐들어와 임진왜란이 일어났어요. 전라남도를 철벽같이 지키던 이순신 장군은 거북선을 이끌고 가는 곳마다 승리했어요. 특히 한산도 대첩에서는 물러나는 척하며 적을 유인한 뒤, 학이 날개를 펼친 모양으로 왜선을 에워싸는 학익진 전술로 큰 승리를 거두었어요.

## 찾아보세요

**이순신**
거북선을 만들고, 뛰어난 전술로 왜군을
물리쳐 조선을 구한 장군이에요.

**거북선 용머리**
거북선 몸은 거북 모양이고
머리는 용의 모습이에요.

**활 쏘는 수군**
학익진 전술로 꼼짝 못 하는
왜선을 향해 활을 쏘고 있어요.

**물에 빠진 왜군**
왜군은 73척의 배 중 60척 정도가
잡히거나 부서지는 피해를 입었어요.

**원균**
한산도 대첩 때 7척의 판옥선을 끌고 와
용감하게 싸웠어요.

**거북선 못에 찔린 왜군**
거북선 등에는 뾰족한 못 같은 것이 있어
적이 배에 오를 수 없었어요.

**천자총통**
조선군의 대형 화포로, 1~2킬로미터를 날아가
먼 거리에서도 공격할 수 있었어요.

**화포 쏘는 수군**
조선 수군은 천자총통 등 여러 종류의
대포를 쏘며 공격했어요.

**조총 쏘는 왜군**
왜군은 방아쇠를 당겨 쏘는 새로운 무기인
조총을 사용했어요.

**왜군 지휘관**
이순신의 뛰어난 전술을 당해 내지 못하자
어찌할 바를 모르고 있어요.

## 생생 한국사 이야기 3
# 경국대전, 조선 사람들의 생활 기준이 되다

### 유교 국가 조선의 대표 법전, 《경국대전》

《경국대전》은 나라를 잘 다스리기 위해 만들어진 법이에요. 세조 때 만들기 시작하여 성종 때 완성되었지요. 관리를 뽑거나, 땅이나 집을 사고팔거나 물려주는 일, 혼인과 제사, 신분에 따른 여러 차별까지 자세하게 법으로 정했어요. 조선의 정치와 경제, 사회, 문화까지 모든 것에 관한 규칙을 담은 법전으로, 조선 시대 백성을 다스리는 기준이 되었어요.

### 《경국대전》에는 어떤 법이 있었을까?

《경국대전》을 살펴보면 당시의 생활 모습을 잘 알 수 있어요. 가난한 양반의 딸이 30살이 되도록 혼인하지 못했으면 결혼 비용을 대 주고, 재산이 넉넉한데도 결혼하지 않으면 벌을 내릴 정도로 혼인을 중요하게 생각했지요. 땅과 집을 사면 100일 안에 관청에 알려야 한다는 법도 있었어요. 아들딸 구분 없이 재산을 공평하게 나눠 가지도록 하는 법도 있었지요. 재산을 공평하게 받는 만큼 제사도 돌아가며 지냈어요.

〈경국대전〉

### 단종을 지키다 죽은 6명의 신하들

《경국대전》을 만들도록 지시한 세조는 세종 대왕의 둘째 아들이에요. 세조는 조카인 단종에게서 왕위를 빼앗았지요. 세종 대왕은 살아 있을 때 집현전 학자들에게 *세손인 단종을 잘 보살피라고 부탁했어요. 성삼문을 비롯한 집현전 학자들은 단종을 다시 왕으로 만들 계획을 세웠어요. 하지만 비밀이 곧 밝혀져 성삼문은 무서운 고문을 받게 되었는데, 끝까지 세조를 왕이라고 부르지 않고 결국 죽음을 맞았어요. 성삼문과 함께 단종에게 충성을 바치다가 생을 마친 박팽년, 이개, 하위지, 유성원, 유응부 6명을 '사육신'이라고 불러요.

*세손 : 세자의 맏아들

### 한국사 Quiz

그림에 알맞은 내용을 찾아 줄로 이으세요.

❶
❷
❸

ㄱ 여자는 14살, 남자는 15살이 넘어야 혼인할 수 있었어요.

ㄴ 16살이 넘은 남자들은 이름, 직업 등이 적힌 호패를 차고 다녀야 했어요.

ㄷ 관청의 노비들은 아기를 낳으면 휴가를 받았어요.

## 생생 한국사 이야기 4

# 한산도 대첩,
## 왜적에 맞서 빛나는 승리를 거두다

### 임진왜란이 일어나기 전 조선과 일본의 모습

일본의 장수 도요토미 히데요시는 힘을 키워 다른 나라를 침략할 계획을 세웠어요. 일본은 명나라를 침입하도록 길을 내어 달라고 했는데 조선이 이를 거절하자 임진왜란을 일으켰어요. 당시 평화롭게 지내던 조선은 갑작스럽게 일어난 전쟁에 대비하지 못했어요. 권율, 이순신 등이 이끄는 군사들과 곽재우와 같은 의병들이 열심히 싸웠지만, 많은 사람이 죽고 문화재들이 훼손되었어요.

## 이순신 장군의 슬기로운 작전

이순신 장군은 매우 슬기로워서 기발한 전술을 종종 생각해 냈어요. 그 가운데 하나가 방패연을 활용해 부하들에게 작전 지시를 내리는 것이었어요. 연에 크게 그림을 그리고 하늘에 띄워 전투를 하는 동안에도 하늘만 보면 한눈에 작전을 알 수 있었어요. 군사들은 평소 연에 그려진 모양을 읽는 훈련도 했답니다. 색깔로는 방향을 표시하고, 모양으로는 시간, 전투 방법, 날씨 등을 표시했어요.

- **홍청외당가리연**
  남쪽과 동쪽을 동시에 공격하라.
- **긴고리눈쟁이연**
  낮에 태풍 시 뱃줄을 길게 매어라.
- **중모리눈쟁이연**
  낮에 적을 에워싸 공격하라.

〈홍청외당가리연〉　〈긴고리눈쟁이연〉　〈중모리눈쟁이연〉

### 이름만으로 왜군을 벌벌 떨게 한 홍의장군 곽재우

임진왜란 당시 최초로 의병을 일으켰던 곽재우는 항상 붉은 옷을 입고 싸워서 '홍의장군'이라고 불렸어요.

곽재우는 적을 혼란스럽게 만드는 전술을 많이 활용했어요. 부하들에게 자신과 똑같은 붉은 옷을 입히거나 한 사람이 여러 개의 횃불을 들어 사람이 많아 보이게 했어요. 상자 안에 벌집을 넣어 왜군이 상자를 건드리면 벌이 쏟아져 나오게 해서 적을 당황하게 만들기도 했지요. 왜군들은 홍의장군이 나타났다하면 도망가기 바빴어요.

### 한국사 Quiz

**무엇에 대한 설명인지 오른쪽 칸에서 찾아 ○ 하세요.**

❶ 학이 날개를 펼친 듯한 모양으로 왜선을 에워싸는 전술의 이름

❷ 조선군이 사용한 1~2킬로미터를 날아가는 대형 화포의 이름

| 조 | 선 | 왜 | 천 |
|---|---|---|---|
| 학 | 익 | 진 | 자 |
| 군 | 북 | 선 | 총 |
| 거 | 조 | 총 | 통 |

〈곽재우 동상〉

# 조선 통신사, 일본과 활발하게 문화를 나누다

임진왜란 이후 일본이 화해를 요청하여 조선에서는 일본에 통신사를 보내기 시작했어요.
관리와 학자, 글을 쓰거나 그림을 그리는 예술인 등 수백 명이나 되는 사람들이 일본을 방문하여
환영을 받았어요. 흥겨운 음악과 함께하는 통신사 행렬은 일본 사람들에게 큰 구경거리였어요.

## 찾아보세요

**통신사를 반기는 일본 아이**
많은 일본 사람들이 조선 통신사를
환영했어요.

**정사**
조선 통신사의 책임자로
통신사 행렬을 이끌었어요.

**통신사 깃발**
조선의 왕을 나타내는 깃발이
행렬의 앞부분에서 무리를 이끌어요.

**짐 나르는 일본인**
통신사의 짐은 일본인들이
옮겨 주었어요.

**호랑이 가죽**
통신사는 호랑이 가죽과 비단 등을
일본에 선물로 주었어요.

**글 쓰는 사람**
글을 쓰는 문인이나 화가, 악사 등
다양한 사람이 행렬에 참여했어요.

**마상재인**
말 위에서 재주를 넘는
마상재인은 매우 인기였어요.

**나발 부는 사람**
통신사 행렬 속 악단의 취수들이
나발을 크게 불었어요.

**일본 무사**
일본 무사들이 통신사 행렬을
안전하게 지켜 주었어요.

**종이를 든 일본인**
일본인들은 통신사의 글과 글씨,
그림을 매우 좋아했어요.

찾아보세요

**말을 탄 궁녀**
궁녀는 궁궐 밖에 나올 때
얼굴 가리개를 써요.

**황룡 깃발**
왕의 행차 때는 용이 그려진
깃발을 들었어요.

**태평소 부는 사람**
나발 모양의 태평소를 불며
왕의 행차를 알려요.

**음식 재료를 실은 수레**
화성에 가는 길에도 혜경궁 홍씨에게
정성껏 음식을 올렸어요.

**엿을 파는 소년**
행차 구경꾼들에게 엿이나 음식을
파는 사람들도 있었어요.

# 정조 화성 행차, 온 백성의 축제가 되다

정조는 영조에게 노여움을 사 죽게 된 아버지 사도 세자의 묘를 옮기면서 수원 화성을 짓고 자주 찾아갔어요. 어머니 혜경궁 홍씨의 61번째 생일 때에는 수천 명을 이끌고 행차했지요. 행차 때 정조는 백성들의 이야기를 듣기도 했어요. 행렬 주변에는 구경하러 나온 백성들과 음식 장수들이 모여들어 왕과 백성이 함께하는 큰 축제가 되었어요.

**북을 치는 사람**
악단의 가장 마지막 줄에서 북을 치며 사람들의 주의를 끌었어요.

**정조**
원래 왕은 '연'이라는 가마를 타는데 말을 타기도 했어요.

**혜경궁 홍씨 가마**
정조의 어머니인 혜경궁 홍씨는 가마를 타고 갔어요.

**호위 무사**
정조가 만든 '장용영'이라는 부대를 비롯해 여러 부대가 왕을 지켰어요.

**가난한 백성**
정조는 행차 때 어려운 백성들의 이야기를 들어 주었어요.

## 생생 한국사 이야기 5

# 조선 통신사,
## 일본과 활발하게 문화를 나누다

### 일본과 다시 교류를 시작한 조선

임진왜란 후 조선은 일본과 완전히 관계를 끊었어요. 그런데 일본에서 새롭게 권력을 잡은 도쿠가와 이에야스라는 장군이 조선에 화해를 요청했어요. 선조는 전쟁 때 잡혀간 포로를 돌려받는 조건으로 다시 교류하며 통신사를 보내기 시작했어요. 일본은 왕의 편지와 선물 등을 가져온 통신사를 환영하며 정성껏 대접했지요. 통신사는 조선에 돌아온 후 일본에서 경험한 것들을 글로 남겼어요.

### 의병과 외교관으로도 활약한 사명 대사

임진왜란이 일어났을 때 사명 대사는 의병이 된 스님들과 함께 용감하게 싸웠어요. 전쟁이 끝난 후에는 조선 대표로 직접 일본에 건너가 '조선을 다시 침략하지 않는다', '통신사를 교환한다', '포로를 돌려준다' 등의 약속을 받고 돌아오면서 일본과 평화 관계를 만드는 데 큰 역할을 했지요. 사명 대사의 업적을 기려 밀양에 표충비를 세웠는데 나라에

큰일이 생기면 비석의 겉면에 땀처럼 물방울이 맺힌다고 해요. 이를 두고 사람들은 사명 대사가 나라를 걱정하는 마음이 비석을 통해 나타난다고 해요.

〈밀양 표충비각〉

### 통신사를 통해 들여온 것들

통신사를 통해 그동안 조선에서 키운 적이 없는 새로운 식물들이 들어왔어요.

그 가운데 하나가 바로 고구마예요. 고구마는 영조 때 일본에 갔던 통신사를 이끈 조엄이 쓰시마섬(오늘날 대마도)에서 길러지던 것을 들여온 것이에요. 당시 조선은 가뭄으로 농사가 잘 되지 않아 많은 백성들이 굶주리고 있었는데, 어디서든 잘 자라는 고구마는 좋은 해결책이었어요. 그 밖에도 고추, 담배 등도 통신사를 통해 조선에 전해졌다고 해요.

### 한국사 Quiz

조선 통신사 행렬 가운데 '말 위에서 재주를 넘는 사람'을 부르는 말로 알맞은 것을 고르세요. (　　　　)

보기

❶ 취수

❷ 정사

❸ 무사

❹ 마상재인

# 정조 화성 행차, 온 백성의 축제가 되다

## 정치, 경제, 문화가 고루 발달한 영조와 정조 시대

영조와 정조가 다스리던 18세기에는 사회 모든 분야가 눈부시게 발전했어요. 정치적 의견과 상관없이 인재를 쓰는 '탕평책'이 실시되었고, 서얼이나 노비처럼 신분이 낮은 사람들도 더 나은 대접을 받게 되었어요. 정조는 학자들과 함께 백성들의 생활에 도움이 되는 학문인 실학을 연구하여 《대전통편》, 《홍재전서》 등 많은 책들을 펴냈어요. 자유롭게 상업 활동을 할 수 있어 경제적으로도 백성들의 생활이 무척 안정되었어요.

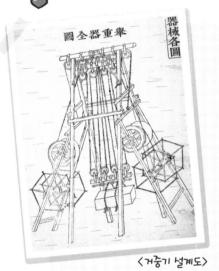

〈거중기 설계도〉

## 발달된 과학과 건축 기술이 담긴 수원 화성

정조는 아버지 사도 세자의 묘를 오늘날 화성시 지역으로 옮기면서, 원래 살던 주민들이 옮겨 살 곳을 만들기 위해 근처에 수원 화성을 지었어요. 정조는 정약용에게 화성의 설계를 맡겼어요. 정약용은 적은 힘으로도 무거운 돌을 척척 들어 올리는 거중기와 같은 기구를 만들고, 여러 나라의 건축 기술을 이용해 수원 화성을 지었지요. 정조는 화성을 세우는 과정을 낱낱이 기록한 《화성성역의궤》를 펴냈어요. 수원 화성은 1997년 세계 문화 유산으로 지정되었어요.

## 정조가 사랑한 천재 화가 김홍도

김홍도는 어린 시절부터 그림 실력이 뛰어났다고 해요. 정조는 어릴 때 자신의 초상화를 그린 김홍도의 솜씨에 감탄했어요. 정조가 매우 아꼈던 〈금강산화첩〉, 정조의 어머니 혜경궁 홍씨의 61번째 생일을 축하하는 행사를 기록한 〈원행을묘정리의궤〉 등 나라의 중요한 그림은 거의 김홍도에게 맡겼지요.

김홍도는 〈서당〉, 〈씨름〉, 〈길쌈〉 등 백성들의 모습을 생생하게 표현한 그림으로도 유명해요. 정조가 김홍도에게 풍속화를 그려 오게 하여 백성들의 생활을 살폈다는 주장도 있어요.

오호!

# 장터, 조선 시대 경제와 문화가 보이다

임진왜란 이후 조선 후기에는 모내기법이 널리 퍼져 벼와 보리 농사를 모두 지을 수 있게 되었어요.
농작물이 풍부해지면서 고을마다 5일에 한 번씩 시장이 활발하게 열렸지요. 장터는 사람들이 만나
서로 소식을 나누고 다양한 문화를 즐기는 공간이 되었어요.

# 찾아보세요

**환자를 돌보는 의관**
오늘날의 의사로,
아픈 사람을 치료하고 있어요.

**탈춤 추는 사람**
장터를 돌며 주로 양반을 비판하는
내용으로 춤을 추고 흥을 돋웠어요.

**김홍도**
정조 때 서민들의 생활을
즐겨 그린 화가예요.

**담배 태우는 양반**
신분에 따라 담뱃대 길이가 달라
양반의 담뱃대는 2미터가 넘기도 했지요.

**소작농**
남의 땅을 빌려 농사를 짓고
수확한 곡식을 땅 주인에게 주었어요.

**나귀 탄 양반**
양반은 외출할 때
나귀를 탔어요.

**보부상**
물건을 지고 여러 장터를 돌아다니며
파는 사람이에요.

**모내기 하는 농부**
모판에 모를 키워 논에 옮겨 심는
모내기법으로 곡식을 많이 거뒀어요.

**닭 장수**
닭을 지게에 지고 와
팔았어요.

**고구마**
조선 후기에는 다른 나라에서 들여온
고구마, 감자 등을 길렀어요.

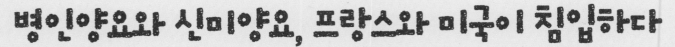

# 병인양요와 신미양요, 프랑스와 미국이 침입하다

흥선 대원군이 고종을 대신해 나라를 다스리던 시절, 외국의 여러 나라들이 우리나라와 교류하기를 원했지만 흥선 대원군은 나라의 문을 걸어 잠갔어요. 이에 불만을 품은 프랑스와 미국이 우리나라에 쳐들어왔는데, 이를 각각 병인양요와 신미양요라고 해요. 조선군은 두 전투에서 목숨을 걸고 싸우며 나라를 지켜 냈어요.

## 찾아보세요

**프랑스 국기**
프랑스군이 있는 곳마다
프랑스 국기가 펄럭였어요.

**포수**
총을 가진 사냥꾼들도
군인과 함께 싸웠어요.

**어재연**
병인양요와 신미양요 때
용감하게 전투를 지휘했어요.

**공격을 받는 프랑스군**
정족산성 성벽을 오르다
조선군의 공격을 받고 있어요.

**'수'자 깃발을 든 미군**
신미양요 때 미군은 지휘관을 나타내는
어재연 장군의 '수'자 깃발을 빼앗았어요.

**면제갑옷을 입은 조선군**
13장의 면을 겹쳐 만든
방탄복을 입고 싸웠어요.

**미군 대포**
신미양요 때 미군의 대포 공격에
광성보가 무너졌어요.

**쓰러진 프랑스군**
프랑스군은 조선군을
얕보다가 크게 졌어요.

**미군에게 잡힌 조선군**
많은 조선군이 미군에
붙잡히기도 했어요.

**양헌수**
병인양요 때 정족산성에서 뛰어난
전략으로 프랑스군을 물리쳤어요.

## 생생 한국사 이야기 7

# 장터, 조선 시대 경제와 문화가 보이다

### 농업과 수공업, 상업이 발달했던 조선 후기

조선 후기에는 농업과 수공업 등이 발달했고, 시장이 활발하게 열려 상업도 발달했어요. 장사로 부자가 된 사람들도 많아졌지요. 시간과 돈에 여유가 생기면서 소설이나 판소리, 민화 등 서민들이 즐길 수 있는 문화도 발전했어요. 조선은 양반, 의사나 기술자 등의 중인, 평범한 백성인 상민, 노비나 광대 등의 천민으로 구분되는 엄격한 신분 사회였지만 서민들이 돈으로 양반 신분을 사기도 하며 신분제가 흔들리기 시작했어요.

### 어화둥둥~ 장원 급제자 납시오!

조선 시대에 양반이 되거나, 양반 신분을 이어 나가려면 과거 시험에 합격해야 했어요. 과거에 합격하여 관리가 되면 나라에서 '녹봉'이라고 하여 쌀, 보리, 옷감 등을 받거나, 곡식을 거둘 수 있는 땅을 받아 편하게 살 수 있었지요. 과거 시험에서 1등으로 합격하는 것을 '장원 급제'라고 했어요. 장원 급제를 한 사람은 왕이 내린 어사화를 꽂고 3일 동안 마을을 돌아다니며 거리를 행진했어요. 이때 마을에서는 풍악을 울리며 장원 급제한 사람을 축하했지요.

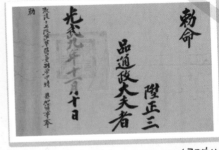

〈공명첩〉

### 신분을 돈으로 사고 팔았다고?

조선 시대는 엄격한 신분 사회였지만 임진왜란 이후에는 신분이 바뀌는 일이 많아졌어요. 먼저 임진왜란 같은 전쟁에서 큰 공을 세운 사람은 신분이 올라갈 수 있었어요. 전쟁이 끝났을 때, 흉년이 들었을 때는 나라를 다스리는 데 많은 돈이 필요했기 때문에 세금(곡식)을 내는 백성들에게 '공명첩'이라고 하여 이름이 없는 관직 임명장을 팔기도 했어요. 부자가 된 농민이나 상인이 족보를 가짜로 꾸미거나 가난한 양반에게 돈을 주고 신분을 사는 일도 있었지요.

**한국사 Quiz**

설명을 읽고, 빈칸에 들어갈 알맞은 글자를 보기 에서 찾아 쓰세요.

보기 ┃ 모 부 기 내 보 상

❶ 모판에 모를 키워 논에 옮겨 심는 ☐☐☐법으로 곡식을 많이 거뒀어요.

☐☐☐

❷ ☐☐☐은 물건을 지고 여러 장터를 돌아다니며 파는 사람이에요.

☐☐☐

# 병인양요와 신미양요, 프랑스와 미국이 침입하다

## 위기가 불어닥친 조선

순조와 헌종, 철종이 다스리던 시절, 왕실과 관련된 높은 양반들이 왕을 대신해 마음대로 정치를 했어요. 돈을 주고 벼슬을 사고파는 등 관리들의 부정부패가 늘어났고, 백성들에게 세금을 무리하게 걷었어요. 살기 힘들어진 백성들은 난을 일으켰고, 평등을 내세우는 천주교와 동학이 널리 퍼졌어요. 또, 프랑스와 미국은 나라의 문을 열라며 쳐들어와 전쟁을 일으키기도 했지요.

## 145년 만에 우리나라로 돌아온 외규장각 의궤

병인양요 때 강화도에 쳐들어온 프랑스는 중요한 왕실 책을 보관하던 외규장각의 책 5,067권 가운데 359권을 훔치고 나머지는 불태웠어요. 주로 혼인이나 장례, 제사 등의 왕실 행사를 그림과 함께 기록한 '의궤'였지요. 이 책들이 프랑스 국립 도서관에 보관되어 있다는 사실이 도서관에서 근무하던 박병선 박사에 의해 처음 알려졌어요. 이 일로 박사는 도서관에서 쫓겨나기까지 했지요.

외교적 노력을 계속한 끝에 2011년에 '빌린다'는 조건으로 297권이 우리나라에 돌아오게 되었어요. 외규장각 의궤는 왕만이 볼 수 있는 귀중한 책들이 많아 그 가치가 더 높다고 해요.

## 면으로 방탄복을 만들고, 학의 깃털로 배를 만들었다고?

신미양요 때 군인들은 흥선 대원군이 만든 '면제갑옷'을 입고 싸웠어요. 면제갑옷은 총알을 막는 방탄 조끼로, 13장의 면을 겹쳐 꿰매어 만들었어요. 두꺼운 면이 총알을 막아 몸을 보호했는데, 오늘날의 방탄복도 이와 비슷한 원리로 만들어진다고 해요. 하지만 면제갑옷은 덥고 물에 젖으면 무거워져 오히려 싸우기에 불리했어요.

또 흥선 대원군은 학의 깃털을 이어 붙여 '학우선'이라는 배를 만들기도 했어요. 하지만 깃털 사이로 물이 들어와 가라앉고 말았지요.

### 한국사 Quiz

'병인양요'와 관련된 것에는 O, '신미양요'와 관련된 것에는 △하세요.

**보기**

| | | |
|---|---|---|
| 광성보 | 프랑스 | 양헌수 |
| 정족산성 | 미국 | '수'자 깃발 |

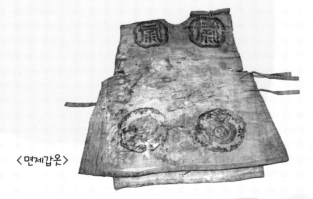

〈면제갑옷〉

# 동학 농민 운동, 나라를 바꾸기 위해 농민들이 나서다

농민들은 백성을 괴롭히는 관리들과 조선을 차지하려는 일본에 맞서 동학 농민 운동을 벌였어요.
녹두 장군 전봉준을 중심으로 많은 사람들이 한곳에 모여 '안으로는 나쁜 관리들을 몰아내고, 밖으로는 나라를
침략하려는 무리를 물리치자'는 구호를 외쳤어요. 그 기세로 황토현에서 관군을 물리쳐 첫 승리를 거두었지요.

사람이 곧 하늘

## 찾아보세요

**도망가는 관군**
무서운 기세로 달려드는 동학군을 피해 도망가고 있어요.

**손화중**
전봉준과 함께 나라를 바꾸는 일에 앞장섰어요.

**군수품을 나르는 소**
죽창, 낫, 곡괭이 등의 무기를 소에 실어 날랐어요.

**장태**
닭을 키우던 큰 대나무 바구니로, 짚을 채워 총알을 막는 방패로 썼어요.

**김개남**
양반 출신이었지만 전봉준, 손화중과 함께 동학군을 이끌었어요.

**전봉준**
녹두 장군으로 불리며, 동학 농민 운동을 이끌었어요.

**쓰러진 관군**
동학군을 얕잡아 본 관군은 크게 패했어요.

**죽창을 든 동학군**
주로 대나무를 잘라 만든 죽창을 무기로 썼어요.

**버려진 소총**
관군이 패하면서 대포와 소총, 총알을 버리고 달아났어요.

**동학군 깃발**
동학군이 가는 곳마다 나라와 백성을 구하자고 쓰인 깃발이 펄럭였어요.

# 한양, 생활 모습이 바뀌다

나라의 문을 굳게 닫았던 조선이었지만, 강화도 조약을 맺으며 결국 문을 열게 되었어요.
경복궁 향원정에 전깃불이 환하게 켜지고, 한양의 거리에는 전봇대가 세워져 전기의 힘으로 움직이는
전차가 다니게 되었어요. 우리나라 최초의 근대식 병원인 제중원, 우체국인 우정총국, 학교 등의 시설과
양식당, 사진관 등 서양식 가게들도 생겼어요.

## 찾아보세요

**고종**
나라 이름을 대한 제국으로 바꾸고,
다른 나라의 문물을 많이 받아들였어요.

**전등**
경복궁 향원정 연못의 물을 이용해
750개나 되는 전등을 밝혔어요.

**양식 먹는 사람**
커피나 서양의 음식을
파는 식당들도 생겼어요.

**신문 보는 사람**
짧은 머리에 양복을 입고
신문을 읽는 지식인이에요.

**우편 배달부**
삿갓을 쓰고 우편물을
배달했어요.

**한성 전기 회사 간판**
황실과 미국인이 함께 세운 전기 회사로,
한양에 전기를 공급했어요.

**선생님**
학교에서 과학, 외국어 등의 새로운
지식을 학생들에게 가르쳐요.

**신문 파는 소년**
나라를 사랑하자는 내용이
담긴 신문이 발행되었어요.

**전차 타는 양반**
전차는 양반과 서민이 타는 칸이
구분되었어요.

**미국 전기 기술자**
에디슨의 전기 회사 직원이
전기를 놓아 주었어요.

# 동학 농민 운동, 나라를 바꾸기 위해 농민들이 나서다

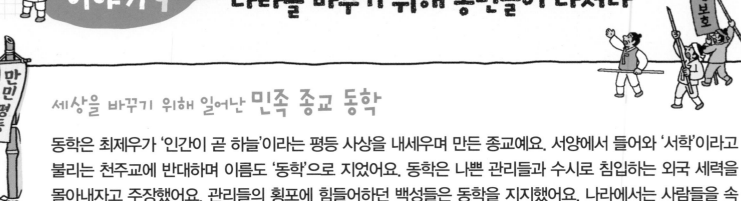

## 세상을 바꾸기 위해 일어난 민족 종교 동학

동학은 최제우가 '인간이 곧 하늘'이라는 평등 사상을 내세우며 만든 종교예요. 서양에서 들어와 '서학'이라고 불리는 천주교에 반대하며 이름도 '동학'으로 지었어요. 동학은 나쁜 관리들과 수시로 침입하는 외국 세력을 몰아내자고 주장했어요. 관리들의 횡포에 힘들어하던 백성들은 동학을 지지했어요. 나라에서는 사람들을 속인다는 이유로 최제우를 잡아들였지만 동학은 사회 곳곳으로 무섭게 퍼져 나갔어요.

## 사발 모양으로 이름을 적은 이유는?

동학 농민 운동 당시 몰래 공격할 곳이라든가 모이는 장소 등 중요한 내용을 전할 때 '사발통문'을 사용했어요. '사발'은 '밥이나 국을 담는 둥그런 그릇', '통문'은 '알리는 글'이라는 뜻으로, 전하는 글을 적고 그 옆에 함께한 사람들의 이름을 사발을 엎어 놓은 모양으로

둥글게 적었어요. 그러면 일을 이끌어 가는 사람이 누구인지 알 수가 없어서, 혹시 문서를 관군에게 빼앗기더라도 지도자를 숨길 수 있었어요.

## 평등 사회를 만들었지만 일본의 힘을 빌린 갑오개혁

동학 농민 운동으로 다른 나라의 좋은 점을 받아들이고 시대와 맞지 않는 제도를 고쳐야 한다는 생각이 점점 늘어났어요. 이에 1894년 갑오개혁을 실행하여 신분제와 과거 제도를 없애고 능력 중심으로 관리를 뽑도록 했어요. 재판소가 생기면서 억울한 일을 당하는 사람도 줄었지요. 왕의 친척들이 정치에 간섭하는 것을 막고, 나라 운영에 필요한 돈을 한곳에서 관리하게 했어요. 하지만 조선을 지배하기 쉽게 만들려는 속셈을 가진 일본의 힘을 빌렸기에 많은 사람들이 반발했어요.

### 한국사 Quiz

동학 농민군이 사용한 '장태'의 설명으로 맞는 것에 O를, 틀린 것에 X를 하세요.

❶ 원래는 꿩을 키우던 큰 바구니예요. (　　)

❷ 관군의 총알을 막는 방패처럼 사용했어요. (　　)

❸ 종이로 만들었어요. (　　)

❹ 옆으로 길쭉하게 생긴 모양이에요. (　　)

정답 ❶ X ❷ O ❸ X ❹ O

## 생생한국사 이야기 10

# 한양, 생활 모습이 바뀌다

## 조선에 들어온 새로운 문물들

일본은 조선의 항구를 여는 강화도 조약을 강제로 맺게 했어요. 일본인이 조선에서 죄를 지어도 조선이 처벌할 수 없는 등 매우 불평등한 조약이었지요. 이후 조선은 미국, 영국 등과도 조약을 맺고 사절단을 보내 새로운 문화와 기술을 경험하도록 했어요. 그러면서 인쇄와 출판을 담당하는 박문국과 무기를 만드는 기기창, 전기 회사, 학교 등 다른 나라의 문화와 기술, 제도가 조선에 들어오게 되었어요.

## 도깨비불, 건달불로 불린 우리나라 최초의 전등

1887년 경복궁 향원정에 우리나라에서 제일 처음으로 전등이 켜졌어요. 향원정 연못의 물로 발전기를 돌려 전기를 만들었는데 보는 사람들마다 신기해 했고, 저마다 부르는 이름도 달랐어요. 물을 사용해서 불을 켠다고 '물불', 깜박거린다고 해서 '도깨비불', 전등이 건들거리면서 켜졌다 꺼졌다를 반복해 '건달불'이라고도 불렀어요. 뜨거워진 발전기를 식힌 물이 다시 연못으로 흘러가 물이 뜨거워져 물고기들이 떼로 죽

는 일이 생기자, 나라가 망할 징조라고 생각하는 사람들도 있었어요.

〈전기시등도〉

## 전화 덕분에 목숨을 구한 백범 김구

백범 김구 선생이 젊었을 때의 일이에요. 김구 선생은 일본이 조선의 왕비였던 명성 황후를 죽였다는 소식을 듣고 복수를 결심했어요. 그 뒤 한 주막에서 마주친 일본도를 차고 있는 일본인을 죽여 사형을 당하게 되었지요. 사형이 집행되기 전날, 김구 선생이 있던 인천 감옥으로 전화가 걸려 왔어요. 뒤늦게 사정을 알게 된 고종이 사형을 취소하라는 명령을 내렸다고 해요. 덕분에 김구 선생은 목숨을 구했지요. 그런데 이때는 아직 장거리 전화가 설치되기 전으로, 오늘날 사람들은 김구 선생이 전보를 전화로 착각한 것이라 얘기하기도 해요.

### 한국사 Quiz

1900년대 한양의 모습이에요. 어울리지 않는 모습을 찾아 O 하세요.

움집

전차

전등

우편 배달부

# 의병, 나라를 되찾기 위해 싸우다

일본이 조선 침략에 방해가 되는 명성 황후를 *시해한 뒤, 친일 관리들이 권력을 잡게 되었어요.
친일 관리들이 강제로 머리카락을 자르게 하는 단발령을 발표하자 이에 반대하여 의병이 일어났어요.
또한 을사늑약으로 일본이 우리나라의 외교권을 빼앗자, '태백산 호랑이'라 불리던 신돌석 등과 수많은
일반 백성들이 일본과 싸우기 위해 의병이 되었어요.

*시해 : 부모나 임금 등을 죽이는 일

## 찾아보세요

 **머리카락을 자르는 사람**
체두관이라고 불려요. 지나가는 사람을
잡아 머리카락을 잘랐어요.

 **신돌석**
'태백산 호랑이'라는 별명처럼
일본에 맞서 용감히 싸웠어요.

 **총 들고 싸우는 의병**
의병들은 관아의 무기 창고를
공격해 총을 구했어요.

 **단발령에 항의하는 선비**
조선 사람들은 부모님께 받은 머리카락을
자르는 것은 불효라고 생각했어요.

 **당황하는 일본인**
의병들은 일본인의 집이나
관청도 공격했어요.

 **소년 의병**
어린 소년들도 의병이 되어
힘을 보태었어요.

 **상투 잘린 사람**
길을 가다 붙잡혀서 꼼짝없이
머리카락을 잘렸어요.

 **일본군 장교**
일본군은 신돌석을 잡으려고 많은
돈을 걸기도 했어요.

 **용감히 싸우는 의병**
의병들은 산을 오르내리며
용감하게 싸웠어요.

태 화 관

## 찾아보세요

**태극기 든 사람들**
일제의 눈을 피해 널빤지에
태극기를 새겨 찍어 냈어요.

**손병희**
민족 대표 33인 중 한 명으로
옛 동학이었던 천도교를 대표해요.

**유관순**
이화 학당의 학생으로
3.1 운동에 참여했어요.

**한용운**
민족 대표 33인 중 불교를 대표해요.
죽는 날까지 독립에 힘썼어요.

**이승훈**
민족 대표 33인 중
기독교를 대표해요.

**만세 부르는 여학생**
많은 학생들이 3.1 운동에
적극적으로 참여했어요.

**칼을 찬 일본 경찰**
일본군과 경찰은 총칼로
만세 시위를 진압했어요.

**'독립' 문구를 든 사람**
태극기 대신 '독립'이라고
쓰인 천을 들기도 했어요.

**3.1 독립 선언문을 낭독하는 학생**
탑골 공원에서 3.1 독립 선언문을
낭독하고 있어요.

# 3.1 운동, 우리 민족이 하나가 되다

1910년 *일제는 우리나라를 식민지로 만들고 사람들을 탄압했어요. 이에 맞서 1919년 3월, 민족 대표 33인은 독립 선언문을 만들어 낭독했어요. 탑골 공원에서도 학생과 시민이 목이 터져라 독립 만세를 외쳤어요. 3.1 운동은 전국 방방곡곡은 물론 다른 나라에까지 퍼져 나가 우리 민족이 있는 곳이면 어디서나 만세 소리가 울려 퍼졌어요.

*일제: 우리나라를 식민지로 삼았던 시기의 일본을 가리키는 말

## 생생 한국사 이야기 11

# 의병, 나라를 되찾기 위해 싸우다

### 여러 나라가 조선을 두고 벌인 세력 싸움

조선을 두고 청나라와 벌인 전쟁에서 이긴 일본은 조선의 정치에 점점 더 간섭하기 시작했어요. 이에 명성 황후는 러시아와 가깝게 지내며 일본의 힘이 더 커지지 못하게 막으려고 했어요. 그러자 일본은 침략에 방해가 되는 명성 황후를 시해하고, 힘을 키워 러시아와의 전쟁에서 이겼지요. 결국 1905년 일본은 강제로 을사늑약을 맺고, 조선의 외교권을 빼앗았어요.

### 나라를 구하기 위해 일어난 세 차례의 의병

명성 황후가 시해당한 뒤 일본과 친한 관리들은 긴 머리카락을 자르라는 단발령을 내렸어요. 부모님이 물려주신 몸과 머리카락을 소중히 여기는 전통을 무시하고 강제로 내린 결정에 많은 조선 사람들이 분노했어요.

명성 황후 시해 사건과 단발령에 반발하여 유인석, 이소응 등 유학을 공부하던 양반들을 중심으로 1895년 을미의병이 일어났어요. 1905년 을사늑약에 반대하여 일어난 1905년 을사의병은 최익현과 같은 선비뿐 아니라, 신돌석 같은 백성들이 많이 활약했어요. 1907년 고종이 강제로 황제에서 물러나고 일본이 군대를 해산시키자, 이 군인들까지 힘을 모아 정미의병을 일으켰어요. 의병들은 목숨을 바쳐 나라를 지키기 위해 싸웠고, 나중에는 독립군이 되기도 했어요.

〈최익현 영정〉

### 하얼빈에서 울린 안중근의 총소리

안중근 *의사는 을사늑약이 맺어진 후, 의병 부대를 만들어 일본군과 맞서 싸웠어요. 뜻을 함께한 사람들과 손가락을 자르며 나라를 구할 것을 맹세하기도 했지요. 그러던 중 안중근은 억지로 을사늑약을 맺게 한 이토 히로부미가 만주 지방의 하얼빈에 온다는 소식을 들었어요. 안중근은 1909년 10월 26일 하얼빈 역에 내린 이토 히로부미를 총으로 쏘았어요. 붙잡힌 안중근은 재판에서 동양의 평화를 깨뜨린 이토 히로부미를 죽인 것은 죄가 될 수 없고, 오히려 이토 히로부미에게 15가지의 죄가 있다고 말하며 전 세계인들에게 당당한 모습을 보여 주었어요.

*의사 : 나라와 민족의 의로움을 위하여 목숨을 바친 사람

#### 한국사 Quiz

친일 관리들이 강제로 시행한 것이에요.
글자의 첫소리와 힌트를 보고 알맞은 단어를 쓰세요.

**ㄷ ㅂ ㄹ**

**힌트**
• 체두관
• 부모님께 받은 머리카락을 자르는 것은 불효

**답**

# 3.1 운동, 우리 민족이 하나가 되다

## 나라를 완전히 빼앗긴 대한 제국

일제는 1910년 *대한 제국의 국권을 빼앗고, 조선 총독부를 세워 다스렸어요. 군인 출신이 조선 *총독이 되고, 군인들이 경찰 역할을 했지요. 학교 선생님들은 칼을 차고 수업을 했고 조선인들은 재판도 없이 처벌받기도 했어요. 이에 우리 민족이 힘을 모아 3.1 운동을 펼쳐 독립을 외쳤고, 전 세계인들에게 조선의 강한 독립 의지를 알렸어요. 3.1 운동은 우리처럼 식민지였던 다른 나라들의 독립 운동에도 많은 영향을 주었어요.

*대한 제국 : 1897년~1910년까지 고종이 정한 나라 이름    *총독 : 식민지를 다스리는 기관의 우두머리

## 유관순 열사의 끊임없는 외침, '대한 독립 만세'

이화 학당 학생이던 유관순 *열사는 탑골 공원에서 일어난 3.1 운동에 참여했어요. 3.1 운동이 여러 날 이어져 일제가 학교를 잠시 닫아 버리자 유관순은 고향인 천안으로 내려가 4월 1일 아우내 장터에서 가족과 마을 사람을 모아 또다시 만세 운동을 펼쳤어요. 일제에 의해 유관순의 부모는 목숨을 잃고, 자신은 체포되어 결국 서대문 감옥에 갇히게 되었어요. 유관순은 재판

정에서도 "너희가 나를 처벌할 권리는 없다."라고 당당하게 말했어요. 유관순은 심한 고문을 받으면서도 아침 저녁으로 '대한 독립 만세'를 외치다가 결국 죽음을 맞았어요.

*열사 : 나라를 위해 뜻을 굳게 지키며 충성을 다해 싸운 사람

### 한국사 Quiz

직접 만든 태극기를 들고 만세를 외쳤던 사람들처럼, 태극기를 그리고 색칠해 보세요.

## 우리 민족을 갈라놓은 문화 통치

1910년 일제는 우리나라를 지배하면서 군인 경찰인 헌병이 다스리는 '헌병 경찰 통치'를 했어요. 힘으로 우리 민족을 다스리려는 것이었지요. 그러다 3.1 운동이 일어나자 '문화 통치'를 하겠다고 했어요. 군인이 아닌 사람을 총독으로 뽑겠다고도 하고, 한글 신문이나 잡지 발간을 허락해 《조선일보》, 《동아일보》 같은 신문과 『개벽』, 『백조』 등의 한글 잡지들이 나왔어요. 하지만 한편으로는 더 많은 조선인 경찰과 친일파를 키워 내어 일반 사람들과 독립 운동가들을 감시하고 괴롭혔어요. 문화 통치는 일제에 맞서지 못하게 우리 민족을 갈라놓은 무서운 통치였어요.

〈한글 잡지 『개벽』〉

# 대한민국 임시 정부, 우리 민족을 대표하는 정부를 세우다

우리나라는 중국 상하이에 대한민국 임시 정부를 세우고 광복을 위해 힘썼어요. 김구, 안창호 등이 사람들에게 독립 운동 소식을 전하고, 독립의 의지를 외국 여러 나라에 알렸어요. 윤봉길은 일본 관리와 군인들이 모인 행사에서 폭탄을 던져 일제에 피해를 입혔어요. 이때 이륭양행이라는 무역 회사를 만들어 임시 정부의 독립 운동을 도와준 외국인도 있었어요.

## 찾아보세요

**안창호**
임시 정부의 중요한 인물로
특히 교육에 힘썼어요.

**배에 타는 독립운동가**
많은 독립운동가들이 이륭양행의 배로
우리나라와 중국을 오갔어요.

**김구**
대한민국 임시 정부를 이끌며
독립 의지를 전 세계에 알렸어요.

**윤봉길**
일제 행사장에 폭탄을 던져
일제에 큰 피해를 입혔어요.

**도망가는 일본인**
폭탄이 터지자 사람들은
도망가기 바빴어요.

**조지 루이스 쇼**
무역 회사인 이륭양행을 세워
우리나라의 독립 운동을 도왔어요.

**독립신문**
사람들에게 임시 정부의
독립 활동을 널리 알린 신문이에요.

**태극기**
임시 정부 건물에는 항상
태극기가 걸려 있었어요.

**폭탄 맞은 일본 장군**
일제 관리와 군인들이
죽거나 크게 다쳤어요.

**뛰어오는 일본군**
현장에서 윤봉길 의사를
바로 체포했어요.

# 청산리 대첩, 독립군이 되어 힘써 싸우다

3.1 운동 이후, 만주와 연해주 등에서는 독립군이 무기로 일본군과 싸우는 독립 운동이 활발해졌어요.
일제는 두려움을 느끼고 독립군을 없애기 위해 군사들을 출동시켰어요. 김좌진 장군과 홍범도 장군 등이 이끄는
여러 독립군 부대들은 청산리에서 벌어진 전투에서 힘을 합쳐 일본군을 크게 무찔렀지요.

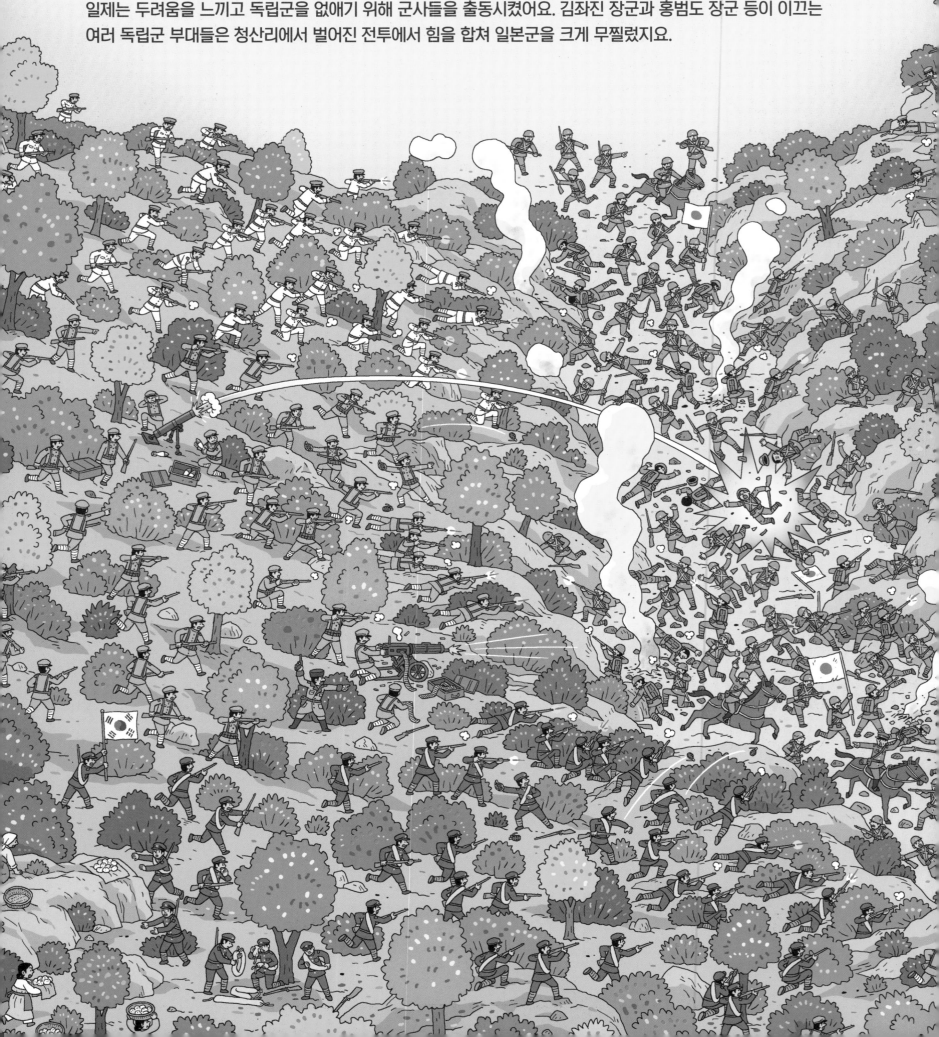

## 찾아보세요

**김좌진 장군**
청산리 대첩을 승리로 이끈
장군 중 하나예요.

**수류탄을 던지는 독립군**
여러 독립군이 힘을 모아
총과 수류탄 등으로 싸웠어요.

**절벽 위의 독립군**
독립군들은 절벽 위에서 총을 쏘아
일본군을 물리쳤어요.

**박격포**
박격포로 골짜기 아래의
일본군을 공격했어요.

**말을 탄 일본군**
말을 타고 전투를 지휘하는
일본 장군이에요.

**주먹밥을 만든 부인들**
마을 주민들이 주먹밥을 만들어
독립군에게 던져 주었어요.

**쓰러지는 일본군**
길이 험해 우왕좌왕하다가
총을 맞고 쓰러졌어요.

**독립군의 기관총**
동유럽에서 사 온 기관총들이
전투에 사용되었어요.

**식량 자루를 맨 독립군**
비상 식량을 자루에 넣어
몸에 매달고 다녔어요.

## 생생 한국사 이야기 13

# 대한민국 임시 정부,
## 우리 민족을 대표하는 정부를 세우다

### 3.1 운동의 영향으로 탄생한 대한민국 임시 정부

3.1 운동 즈음에 경성(오늘날 서울)에는 한성 정부가, 중국 상하이에는 임시 정부가 세워졌고, 연해주에는 대한 국민 의회가 세워졌어요. 독립 운동가들은 1919년 4월 여러 조직들을 하나로 합쳐 중국 상하이에 '대한민국 임시 정부'를 세웠어요. 상하이는 우리나라와 떨어져 있어 일본의 간섭이 적었고, 여러 나라에서 온 외교관들이 있어 외교 활동을 펼치기 좋았어요.

### '대한민국'이라는 이름을 만든 임시 정부

조선의 제26대 왕이었던 고종은 우리나라가 어떤 나라에도 속하지 않은 자주 국가이며 황제가 다스리는 나라라는 점을 알리기 위해 1897년 나라 이름을 '대한 제국'으로 바꾸었어요. 하지만 일제가 나라의 권리를 빼앗아 대한 제국이라는 이름은 사라졌지요. 1919년 세워진 임시 정부는 빼앗긴 이름을 다시 찾아온다는 의미로 대한 제국에서 '대한'을 가져오고, 나라의 권리가 국민들에게 있다는 뜻의 '민국'을 더해 '대한민국 임시 정부'라는 이름을 붙였어요. 해방 후 임시 정부를 이어받아 정부를 세운 우리나라는 나라 이름도 '대한민국'이라고 짓게 되었지요.

### 윤봉길이 김구에게 전한 마지막 선물

서울 용산에는 임시 정부를 이끈 백범 김구 선생의 기념관이 있어요. 평생 독립 운동에 힘쓴 김구 선생의 물건과 사진 등이 보관되어 있는데 그 가운데에는 국가 등록 문화재인 *회중시계도 있어요. 사실 이 회중시계는 윤봉길 의사의 것이에요. 폭탄을 던지기로 한 1932년 4월 29일 아침 윤봉길은 김구 선생에게 이렇게 말했어요.

"선생님, 제 시계는 어제
6원을 주고 산 것인데,
선생님 시계는 2원짜리
이니 제 것과 바꾸시지요.
제 시계는 이제 1시간밖에
쓸 일이 없으니까요."

김구 선생은 이 시계를 죽는
순간까지도 지니고 다니며
윤봉길을 기억했다고 해요.

*회중시계 : 가지고 다닐 수 있게
만든 작은 시계

〈윤봉길 의사 동상〉

### 한국사 Quiz

누구에 대한 설명인지 알맞은 이름을 보기 에서 찾아 쓰세요.

| 보기 | 조지 루이스 쇼 | 김구 | 안창호 |

❶ 대한민국 임시 정부를 이끌며,
   독립 의지를 전 세계에 알렸어요.

❷ 무역 회사인 이륭양행을 세워
   우리나라의 독립 운동을 도왔어요.

❸ 임시 정부의 중요한 인물로 특히
   교육에 힘썼어요.

정답 ❶ 김구 ❷ 조지 루이스 쇼 ❸ 안창호

# 청산리 대첩,
## 독립군이 되어 힘써 싸우다

### 무기를 들고 일제와 싸웠던 독립군

온 민족이 하나가 되어 만세를 불렀던 3.1 운동은 평화적인 독립 운동이었어요. 하지만 3.1 운동 이후 일제의 감시가 더욱 심해져 나라 안에서 독립 운동이 어려워졌고, 평화적인 방법으로는 일제를 몰아낼 수 없다고 생각한 많은 사람들이 독립군이 되기 위해 만주와 연해주로 갔어요. 이들은 김좌진 장군, 홍범도 장군 등을 중심으로 독립군을 만들어 목숨을 걸고 일본군과 싸웠어요.

## 신흥 무관 학교를 세운 독립운동가 이회영

신흥 무관 학교는 만주에 세워진 군사 학교로 많은 독립군을 키워 냈어요. 신흥 무관 학교를 세운 분 중 한 분이 바로 이회영 선생이에요. 이회영 선생을 포함한 여섯 형제와 가족들은 1910년 일제에 나라를 빼앗긴 이후 만주로 가서 독립 운동을 했어요. 전 재산을 몽땅 독립 운동에 썼는데 그 가치는 오늘날 600억 원 정도라고 해요. 이회영 선생과 가족들은 딸의 옷을 내다 팔아야 할 정도로 가난해졌지만 독립 운동을 포기하지 않았어요. 이회영 선생은 60살이 넘은 나이까지도 독립 운동을 하다 일본 경찰에 붙잡혀 세상을 떠나고 말았어요.

## 독립 의지와 희망을 높인 봉오동 전투

3.1 운동 이후 생겨난 수많은 독립군 부대가 일본에 맞서 용감히 싸웠어요. 독립군은 만주나 연해주 등에서 일본군을 끊임없이 공격하고 큰 피해를 주었지요. 그러자 일본군은 독립군을 없애기 위해 만주 봉오동으로 쳐들어왔어요. 1920년 6월 홍범도 장군이 이끄는 대한 독립군은 산 곳곳에 숨어 일본군이 안쪽까지 들어오도록 유인한 뒤 한꺼번에 총을 쏘아 큰 승리를 거두었어요. 이 봉오동 전투는 일본군을 상대로 한 첫 대규모 전투이자 승리였어요. 이후 일본군의 공격, 러시아의 압박 등으로 독립군은 흩어지고 홍범도 장군은 카자흐스탄에서 어렵게 살다 세상을 떠났어요. 홍범도 장군의 *유해는 2021년 8월 15일 우리나라로 돌아와 국립 대전 현충원에 묻혔어요.

*유해 : 무덤에서 나온 뼈

### 한국사 Quiz

'청산리 대첩'에 대한 설명으로 알맞은 것을 고르세요.

❶ 독립군을 위해 마을 주민들은 주먹밥을 만들어 주었어요.

❷ 일본군과 드넓은 평지에서 싸워 이긴 전투예요.

❸ 일본군과 열심히 싸우다 끝내 지고 말았어요.

답 [　　　]

〈홍범도 장군 동상〉

# 8월 15일, 드디어 광복을 맞이하다

1945년 제2차 세계 대전에서 일본이 항복하면서, 우리나라는 8월 15일 광복을 맞이했어요.
다음 날에야 광복 소식을 알게 된 사람들은 거리로 쏟아져 나와 환호성을 지르고,
태극기를 휘날리며 기뻐했어요. 하지만 곧 미국과 소련이 우리나라에 들어오면서
남과 북으로 갈라지게 되었어요.

축, 해방

해방 만세

광복!

광복

해방

광복

광

복

## 찾아보세요

**라디오를 듣는 사람**
라디오에서 일본의
항복 소식이 전해졌어요.

광복!

**광복 현수막**
'광복'이라고 쓴
현수막도 흔들었어요.

**일본 군인**
일본이 항복했다는 소식에
아무것도 할 수 없었어요.

**독립운동가**
숨어 지내던 많은
독립운동가들도 자유로워졌어요.

**여운형**
독립운동가로 해방된 뒤 독립
국가를 만들기 위해 애썼어요.

**감옥에서 풀려난 사람**
서대문 감옥에서 많은
독립운동가들이 풀려났어요.

**친일파 관리**
친일파 관리들은
재빨리 도망갔어요.

**기뻐하는 어린이**
일장기에 그려 만든 태극기를
흔들며 기뻐해요.

**짐을 싸는 일본인**
짐을 싸서 일본으로 돌아갈
준비를 해요.

# 8월 15일, 드디어 광복을 맞이하다

광

복

## 광복을 맞이하게 된 조선

1939년 독일이 폴란드를 침략하며 제2차 세계 대전이 시작되었어요. 독일과 같은 편이 되어 세력을 키우던 일본이 미국을 공격하며 전 세계적인 전쟁이 되었지요. 수년간 계속된 이 전쟁은 미국이 일본에 원자 폭탄을 떨어뜨리며 끝을 맺게 되었고, 우리나라는 광복을 맞게 되었어요. 하지만 미국과 소련이 우리나라를 남과 북으로 나누어 다스리게 되면서 나라가 둘로 갈라지고 말았어요.

## 안타깝게 이뤄지지 못한 광복군의 작전

대한민국 임시 정부는 1940년 중국 충칭에서 한국 광복군을 만들었어요. 제2차 세계 대전 중 일본이 미국을 공격해 태평양 전쟁이 일어나자 임시 정부는 광복군을 미국, 영국 등의 연합군과 함께 싸우게 했어요. 중국에 있던 미군과 함께 훈련도 받고 우리나라로 몰래 들어와 일본을 공격해 우리 손으로 직접 몰아낼 '독수리 작전'을 계획했지요. 하지만 안타깝게도 1945년 8월 15일 일본이 항복하면서 작전은 이뤄지지 못했어요. 김구 선생은 '여러 해 노력해 온 일이 물거품이 되었다'며 아쉬워했지요. 만약에 계획대로 작전을 해냈다면 나라가 둘로 나뉘지 않고 당당하게 우리나라만의 정부를 세울 수 있었을 거예요.

한국사 Quiz

□에 들어갈 낱말을 가로와 세로 방향에서 찾아 ○ 하세요.

❶ 해방이 되자, 서대문 □□에서 많은 독립운동가들이 풀려났어요.

❷ □□□은 해방된 뒤, 독립 국가를 만들기 위해 애썼어요.

❸ □□□에서 일본의 항복 소식이 전해졌어요.

| 라 | 디 | 오 | 현 |
|---|---|---|---|
| 순 | 여 | 기 | 수 |
| 오 | 운 | 문 | 막 |
| 문 | 형 | 감 | 옥 |

## 어디서 그 많은 태극기가 나왔을까?

일제가 우리나라를 다스리던 시절 태극기를 사용하거나 가지는 것을 금지했고, 일본 국기인 일장기를 강제로 사용하게 했어요. 하지만 우리나라 사람들은 일장기를 먹물로 칠하거나, 널빤지에 태극 무늬를 새겨 찍는 등 다양한 방법으로 몰래 태극기를 만들어 왔지요. 1945년 8월 15일 일본이 항복한 뒤 '해방은 도둑처럼 뜻밖에 우리 곁을 찾아왔다'는 말이 있을 정도로 이 사실이 잘 알려지지 않아 거리가 조용했어요. 다음 날이 되어서야 사람들은 해방 소식을 전해 듣고 거리로 뛰쳐나와 태극기를 흔들며 서로 얼싸안고 기쁨의 함성을 질렀어요. 이때도 사람들은 일장기에 먹물로 태극 무늬와 건곤감리 무늬를 그려 만든 태극기를 흔들었어요.

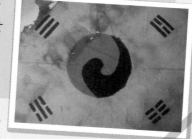

〈일장기에 그려 만든 태극기〉

정답 ❶ 감옥, ❷ 아웃영, ❸ 라디오

# 정답

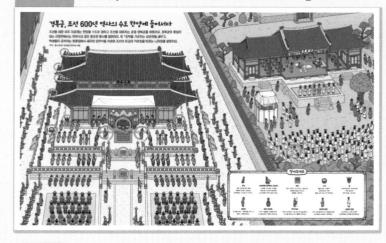

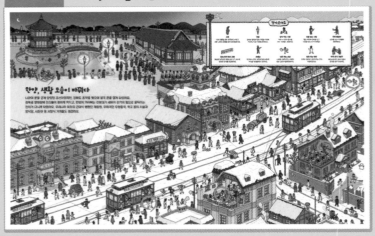

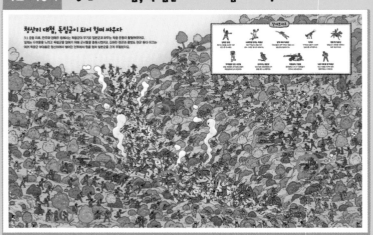